Szczegóły

Nazwa:	
Firma:	
Telefon:	
Telefon:	
Email:	

Szczegóły dotyczące sytuacji kryzysowej:

Nazwa:		**Nazwa:**	
Firma:		**Firma:**	

Ważne:

| Data: | | Dzień: | pon | wto | śro | czw | pią | sob | nie |

Firma:

Telefon:

Godziny stracone z powodu złej pogody

Odwiedzający

Warunki pogodowe

AM	PM

Harmonogram

Data zakończenia:	
Dni przed planem:	
Dni po terminie:	

Problemy/ Opóźnienia

Kwestie bezpieczeństwa

Wypadki/ Incydenty

Podsumowanie prac wykonanych w dniu dzisiejszym

Podpis:

Nazwa:

Sprzęt na placu budowy	Jednostki	Praca	
		Tak	Nie

Pracownik/ Wykonawca	Handel	Godziny zakontraktowane	Nadgodziny

Dostarczone materiały	Od i stawka	Wynajęte urządzenia	Jednostki

Uwagi

Data:		Dzień:	pon	wto	śro	czw	pią	sob	nie
Firma:									
Telefon:									

Godziny stracone z powodu złej pogody

Odwiedzający

Warunki pogodowe

AM	PM

Harmonogram

Data zakończenia:

Dni przed planem:

Dni po terminie:

Problemy/ Opóźnienia

Kwestie bezpieczeństwa

Wypadki/ Incydenty

Podsumowanie prac wykonanych w dniu dzisiejszym

Podpis:

Nazwa:

Sprzęt na placu budowy	Jednostki	Praca	
		Tak	Nie

Pracownik/Wykonawca	Handel	Godziny zakontraktowane	Nadgodziny

Dostarczone materiały	Od i stawka	Wynajęte urządzenia	Jednostki

Uwagi

Data:		Dzień:	pon	wto	śro	czw	pią	sob	nie
Firma:									
Telefon:									

Godziny stracone z powodu złej pogody

Odwiedzający

Warunki pogodowe

AM	PM

Harmonogram		Problemy/ Opóźnienia
Data zakończenia:		
Dni przed planem:		
Dni po terminie:		

Kwestie bezpieczeństwa	Wypadki/ Incydenty

Podsumowanie prac wykonanych w dniu dzisiejszym

Podpis:

Nazwa:

Sprzęt na placu budowy	Jednostki	Praca	
		Tak	Nie

Pracownik/ Wykonawca	Handel	Godziny zakontraktowane	Nadgodziny

Dostarczone materiały	Od i stawka	Wynajęte urządzenia	Jednostki

Uwagi

| Data: | | Dzień: | pon | wto | śro | czw | pią | sob | nie |

Firma:

Telefon:

Godziny stracone z powodu złej pogody

Odwiedzający

Warunki pogodowe

AM	PM

Harmonogram

Data zakończenia:

Dni przed planem:

Dni po terminie:

Problemy/ Opóźnienia

Kwestie bezpieczeństwa

Wypadki/ Incydenty

Podsumowanie prac wykonanych w dniu dzisiejszym

Podpis:

Nazwa:

Sprzęt na placu budowy	Jednostki	Praca	
		Tak	Nie

Pracownik/ Wykonawca	Handel	Godziny zakontraktowane	Nadgodziny

Dostarczone materiały	Od i stawka	Wynajęte urządzenia	Jednostki

Uwagi

Data:		Dzień:	pon	wto	śro	czw	pią	sob	nie

Firma:

Telefon:

Godziny stracone z powodu złej pogody	Odwiedzający

Warunki pogodowe

AM	PM

Harmonogram	Problemy/ Opóźnienia
Data zakończenia:	
Dni przed planem:	
Dni po terminie:	

Kwestie bezpieczeństwa	Wypadki/ Incydenty

Podsumowanie prac wykonanych w dniu dzisiejszym

Podpis:

Nazwa:

Sprzęt na placu budowy	Jednostki	Praca	
		Tak	Nie

Pracownik/ Wykonawca	Handel	Godziny zakontraktowane	Nadgodziny

Dostarczone materiały	Od i stawka	Wynajęte urządzenia	Jednostki

Uwagi

| Data: | | Dzień: | pon | wto | śro | czw | pią | sob | nie |

Firma:

Telefon:

Godziny stracone z powodu złej pogody

Odwiedzający

Warunki pogodowe

| AM | PM |

Harmonogram

Data zakończenia:

Dni przed planem:

Dni po terminie:

Problemy/ Opóźnienia

Kwestie bezpieczeństwa

Wypadki/ Incydenty

Podsumowanie prac wykonanych w dniu dzisiejszym

Podpis:

Nazwa:

Sprzęt na placu budowy	Jednostki	Praca	
		Tak	Nie

Pracownik/ Wykonawca	Handel	Godziny zakontraktowane	Nadgodziny

Dostarczone materiały	Od i stawka	Wynajęte urządzenia	Jednostki

Uwagi

| Data: | | Dzień: | pon | wto | śro | czw | pią | sob | nie |

Firma:

Telefon:

Godziny stracone z powodu złej pogody	Odwiedzający

Warunki pogodowe	
AM	PM

Harmonogram		Problemy/ Opóźnienia
Data zakończenia:		
Dni przed planem:		
Dni po terminie:		

Kwestie bezpieczeństwa	Wypadki/ Incydenty

Podsumowanie prac wykonanych w dniu dzisiejszym

Podpis:

Nazwa:

Sprzęt na placu budowy	Jednostki	Praca	
		Tak	Nie

Pracownik/ Wykonawca	Handel	Godziny zakontraktowane	Nadgodziny

Dostarczone materiały	Od i stawka	Wynajęte urządzenia	Jednostki

Uwagi

Data:		Dzień:	pon	wto	śro	czw	pią	sob	nie
Firma:									
Telefon:									

Godziny stracone z powodu złej pogody

Odwiedzający

Warunki pogodowe

AM	PM

Harmonogram

Data zakończenia:	
Dni przed planem:	
Dni po terminie:	

Problemy/ Opóźnienia

Kwestie bezpieczeństwa

Wypadki/ Incydenty

Podsumowanie prac wykonanych w dniu dzisiejszym

Podpis:	Nazwa:

Sprzęt na placu budowy	Jednostki	Praca	
		Tak	Nie

Pracownik/ Wykonawca	Handel	Godziny zakontraktowane	Nadgodziny

Dostarczone materiały	Od i stawka	Wynajęte urządzenia	Jednostki

Uwagi

| Data: | | Dzień: | pon | wto | śro | czw | pią | sob | nie |

Firma:

Telefon:

Godziny stracone z powodu złej pogody

Odwiedzający

Warunki pogodowe

AM	PM

Harmonogram

Data zakończenia:

Dni przed planem:

Dni po terminie:

Problemy/ Opóźnienia

Kwestie bezpieczeństwa

Wypadki/ Incydenty

Podsumowanie prac wykonanych w dniu dzisiejszym

Podpis:

Nazwa:

Sprzęt na placu budowy	Jednostki	Praca	
		Tak	Nie

Pracownik/Wykonawca	Handel	Godziny zakontraktowane	Nadgodziny

Dostarczone materiały	Od i stawka	Wynajęte urządzenia	Jednostki

Uwagi

Data:		Dzień:	pon	wto	śro	czw	pią	sob	nie

Firma:

Telefon:

Godziny stracone z powodu złej pogody	Odwiedzający

Warunki pogodowe	
AM	PM

Harmonogram		Problemy/ Opóźnienia
Data zakończenia:		
Dni przed planem:		
Dni po terminie:		

Kwestie bezpieczeństwa	Wypadki/ Incydenty

Podsumowanie prac wykonanych w dniu dzisiejszym

Podpis: **Nazwa:**

Sprzęt na placu budowy	Jednostki	Praca	
		Tak	Nie

Pracownik/ Wykonawca	Handel	Godziny zakontraktowane	Nadgodziny

Dostarczone materiały	Od i stawka	Wynajęte urządzenia	Jednostki

Uwagi

Data:		Dzień:	pon	wto	śro	czw	pią	sob	nie
Firma:									
Telefon:									

Godziny stracone z powodu złej pogody

Odwiedzający

Warunki pogodowe

AM	PM

Harmonogram

Data zakończenia:

Dni przed planem:

Dni po terminie:

Problemy/ Opóźnienia

Kwestie bezpieczeństwa

Wypadki/ Incydenty

Podsumowanie prac wykonanych w dniu dzisiejszym

Podpis:

Nazwa:

Sprzęt na placu budowy	Jednostki	Praca	
		Tak	Nie

Pracownik/ Wykonawca	Handel	Godziny zakontraktowane	Nadgodziny

Dostarczone materiały	Od i stawka	Wynajęte urządzenia	Jednostki

Uwagi

Data:		Dzień:	pon	wto	śro	czw	pią	sob	nie
Firma:									
Telefon:									

Godziny stracone z powodu złej pogody

Odwiedzający

Warunki pogodowe

AM	PM

Harmonogram

Data zakończenia:	
Dni przed planem:	
Dni po terminie:	

Problemy/ Opóźnienia

Kwestie bezpieczeństwa

Wypadki/ Incydenty

Podsumowanie prac wykonanych w dniu dzisiejszym

Podpis:

Nazwa:

Sprzęt na placu budowy	Jednostki	Praca	
		Tak	Nie

Pracownik/ Wykonawca	Handel	Godziny zakontraktowane	Nadgodziny

Dostarczone materiały	Od i stawka	Wynajęte urządzenia	Jednostki

Uwagi

| Data: | | Dzień: | pon | wto | śro | czw | pią | sob | nie |

Firma:

Telefon:

Godziny stracone z powodu złej pogody

Odwiedzający

Warunki pogodowe

AM	PM

Harmonogram

Data zakończenia:

Dni przed planem:

Dni po terminie:

Problemy/ Opóźnienia

Kwestie bezpieczeństwa

Wypadki/ Incydenty

Podsumowanie prac wykonanych w dniu dzisiejszym

Podpis:

Nazwa:

Sprzęt na placu budowy	Jednostki	Praca	
		Tak	Nie

Pracownik/ Wykonawca	Handel	Godziny zakontraktowane	Nadgodziny

Dostarczone materiały	Od i stawka	Wynajęte urządzenia	Jednostki

Uwagi

| Data: | | Dzień: | pon | wto | śro | czw | pią | sob | nie |

| Firma: |

| Telefon: |

Godziny stracone z powodu złej pogody

Odwiedzający

Warunki pogodowe

| AM | PM |

Harmonogram

Data zakończenia:

Dni przed planem:

Dni po terminie:

Problemy/ Opóźnienia

Kwestie bezpieczeństwa

Wypadki/ Incydenty

Podsumowanie prac wykonanych w dniu dzisiejszym

Podpis:

Nazwa:

Sprzęt na placu budowy	Jednostki	Praca	
		Tak	Nie

Pracownik/ Wykonawca	Handel	Godziny zakontraktowane	Nadgodziny

Dostarczone materiały	Od i stawka	Wynajęte urządzenia	Jednostki

Uwagi

| Data: | | Dzień: | pon | wto | śro | czw | pią | sob | nie |

Firma:

Telefon:

Godziny stracone z powodu złej pogody	Odwiedzający

Warunki pogodowe	
AM	PM

Harmonogram		Problemy/ Opóźnienia
Data zakończenia:		
Dni przed planem:		
Dni po terminie:		

Kwestie bezpieczeństwa	Wypadki/ Incydenty

Podsumowanie prac wykonanych w dniu dzisiejszym

Podpis:	Nazwa:

Sprzęt na placu budowy	Jednostki	Praca	
		Tak	Nie

Pracownik/ Wykonawca	Handel	Godziny zakontraktowane	Nadgodziny

Dostarczone materiały	Od i stawka	Wynajęte urządzenia	Jednostki

Uwagi

Data:		Dzień:	pon	wto	śro	czw	pią	sob	nie

Firma:

Telefon:

Godziny stracone z powodu złej pogody	**Odwiedzający**
	Podpis:

Warunki pogodowe		
AM	PM	

Harmonogram		**Problemy/ Opóźnienia**
Data zakończenia:		
Dni przed planem:		
Dni po terminie:		

Kwestie bezpieczeństwa	**Wypadki/ Incydenty**

Podsumowanie prac wykonanych w dniu dzisiejszym

Podpis:	**Nazwa:**

Sprzęt na placu budowy	Jednostki	Praca	
		Tak	Nie

Pracownik/Wykonawca	Handel	Godziny zakontraktowane	Nadgodziny

Dostarczone materiały	Od i stawka	Wynajęte urządzenia	Jednostki

Uwagi

Data:		Dzień:	pon	wto	śro	czw	pią	sob	nie

Firma:

Telefon:

Godziny stracone z powodu złej pogody	Odwiedzający

Warunki pogodowe		
AM	PM	

Harmonogram	Problemy/ Opóźnienia
Data zakończenia:	
Dni przed planem:	
Dni po terminie:	

Kwestie bezpieczeństwa	Wypadki/ Incydenty

Podsumowanie prac wykonanych w dniu dzisiejszym

Podpis:	Nazwa:

Sprzęt na placu budowy	Jednostki	Praca	
		Tak	Nie

Pracownik/ Wykonawca	Handel	Godziny zakontraktowane	Nadgodziny

Dostarczone materiały	Od i stawka	Wynajęte urządzenia	Jednostki

Uwagi

| Data: | | Dzień: | pon | wto | śro | czw | pią | sob | nie |

Firma:

Telefon:

Godziny stracone z powodu złej pogody

Odwiedzający

Warunki pogodowe

AM	PM

Harmonogram

Data zakończenia:

Dni przed planem:

Dni po terminie:

Problemy/ Opóźnienia

Kwestie bezpieczeństwa

Wypadki/ Incydenty

Podsumowanie prac wykonanych w dniu dzisiejszym

Podpis:

Nazwa:

Sprzęt na placu budowy	Jednostki	Praca	
		Tak	Nie

Pracownik/ Wykonawca	Handel	Godziny zakontraktowane	Nadgodziny

Dostarczone materiały	Od i stawka	Wynajęte urządzenia	Jednostki

Uwagi

| Data: | | Dzień: | pon | wto | śro | czw | pią | sob | nie |

Firma:

Telefon:

Godziny stracone z powodu złej pogody

Odwiedzający

Warunki pogodowe

AM	PM

Harmonogram

Data zakończenia:

Dni przed planem:

Dni po terminie:

Problemy/ Opóźnienia

Kwestie bezpieczeństwa

Wypadki/ Incydenty

Podsumowanie prac wykonanych w dniu dzisiejszym

Podpis:

Nazwa:

Sprzęt na placu budowy	Jednostki	Praca	
		Tak	Nie

Pracownik/ Wykonawca	Handel	Godziny zakontraktowane	Nadgodziny

Dostarczone materiały	Od i stawka	Wynajęte urządzenia	Jednostki

Uwagi

Data:		Dzień:	pon	wto	śro	czw	pią	sob	nie
Firma:									
Telefon:									

Godziny stracone z powodu złej pogody

Odwiedzający

Warunki pogodowe

AM	PM

Harmonogram

Data zakończenia:	
Dni przed planem:	
Dni po terminie:	

Problemy/ Opóźnienia

Kwestie bezpieczeństwa

Wypadki/ Incydenty

Podsumowanie prac wykonanych w dniu dzisiejszym

Podpis:

Nazwa:

Sprzęt na placu budowy	Jednostki	Praca	
		Tak	Nie

Pracownik/ Wykonawca	Handel	Godziny zakontraktowane	Nadgodziny

Dostarczone materiały	Od i stawka	Wynajęte urządzenia	Jednostki

Uwagi

Data:		Dzień:	pon	wto	śro	czw	pią	sob	nie
Firma:									
Telefon:									

Godziny stracone z powodu złej pogody

Odwiedzający

Warunki pogodowe

AM	PM

Harmonogram	Problemy/ Opóźnienia
Data zakończenia:	
Dni przed planem:	
Dni po terminie:	

Kwestie bezpieczeństwa

Wypadki/ Incydenty

Podsumowanie prac wykonanych w dniu dzisiejszym

Podpis:

Nazwa:

Sprzęt na placu budowy	Jednostki	Praca	
		Tak	Nie

Pracownik/ Wykonawca	Handel	Godziny zakontraktowane	Nadgodziny

Dostarczone materiały	Od i stawka	Wynajęte urządzenia	Jednostki

Uwagi

Data:		Dzień:	pon	wto	śro	czw	pią	sob	nie
Firma:									
Telefon:									

Godziny stracone z powodu złej pogody

Odwiedzający

Warunki pogodowe

AM	PM

Harmonogram

Data zakończenia:	
Dni przed planem:	
Dni po terminie:	

Problemy/ Opóźnienia

Kwestie bezpieczeństwa

Wypadki/ Incydenty

Podsumowanie prac wykonanych w dniu dzisiejszym

Podpis:

Nazwa:

Sprzęt na placu budowy	Jednostki	Praca	
		Tak	Nie

Pracownik/ Wykonawca	Handel	Godziny zakontraktowane	Nadgodziny

Dostarczone materiały	Od i stawka	Wynajęte urządzenia	Jednostki

Uwagi

| Data: | | Dzień: | pon | wto | śro | czw | pią | sob | nie |

| Firma: |

| Telefon: |

Godziny stracone z powodu złej pogody

Odwiedzający

Warunki pogodowe

| AM | PM |

Harmonogram

Problemy/ Opóźnienia

Data zakończenia:

Dni przed planem:

Dni po terminie:

Kwestie bezpieczeństwa

Wypadki/ Incydenty

Podsumowanie prac wykonanych w dniu dzisiejszym

| Podpis: | Nazwa: |

Sprzęt na placu budowy	Jednostki	Praca	
		Tak	Nie

Pracownik/Wykonawca	Handel	Godziny zakontraktowane	Nadgodziny

Dostarczone materiały	Od i stawka	Wynajęte urządzenia	Jednostki

Uwagi

Data:		Dzień:	pon	wto	śro	czw	pią	sob	nie
Firma:									
Telefon:									

Godziny stracone z powodu złej pogody	Odwiedzający

Warunki pogodowe

AM	PM

Harmonogram		Problemy/ Opóźnienia
Data zakończenia:		
Dni przed planem:		
Dni po terminie:		

Kwestie bezpieczeństwa	Wypadki/ Incydenty

Podsumowanie prac wykonanych w dniu dzisiejszym

Podpis:	Nazwa:

Sprzęt na placu budowy	Jednostki	Praca	
		Tak	Nie

Pracownik/ Wykonawca	Handel	Godziny zakontraktowane	Nadgodziny

Dostarczone materiały	Od i stawka	Wynajęte urządzenia	Jednostki

Uwagi

Data:	Dzień:	pon	wto	śro	czw	pią	sob	nie

Firma:

Telefon:

Godziny stracone z powodu złej pogody

Odwiedzający

Warunki pogodowe

AM	PM

Harmonogram

Data zakończenia:	
Dni przed planem:	
Dni po terminie:	

Problemy/ Opóźnienia

Kwestie bezpieczeństwa

Wypadki/ Incydenty

Podsumowanie prac wykonanych w dniu dzisiejszym

Podpis:

Nazwa:

Sprzęt na placu budowy	Jednostki	Praca	
		Tak	Nie

Pracownik/Wykonawca	Handel	Godziny zakontraktowane	Nadgodziny

Dostarczone materiały	Od i stawka	Wynajęte urządzenia	Jednostki

Uwagi

Data:		Dzień:	pon	wto	śro	czw	pią	sob	nie

Firma:

Telefon:

Godziny stracone z powodu złej pogody	Odwiedzający

Warunki pogodowe

AM	PM

Harmonogram	Problemy/ Opóźnienia
Data zakończenia:	
Dni przed planem:	
Dni po terminie:	

Kwestie bezpieczeństwa	Wypadki/ Incydenty

Podsumowanie prac wykonanych w dniu dzisiejszym

Podpis:

Nazwa:

Sprzęt na placu budowy	Jednostki	Praca	
		Tak	Nie

Pracownik/Wykonawca	Handel	Godziny zakontraktowane	Nadgodziny

Dostarczone materiały	Od i stawka	Wynajęte urządzenia	Jednostki

Uwagi

| Data: | | Dzień: | pon | wto | śro | czw | pią | sob | nie |

Firma:

Telefon:

Godziny stracone z powodu złej pogody

Odwiedzający

Warunki pogodowe

| AM | PM |

Harmonogram

Data zakończenia:

Dni przed planem:

Dni po terminie:

Problemy/ Opóźnienia

Kwestie bezpieczeństwa

Wypadki/ Incydenty

Podsumowanie prac wykonanych w dniu dzisiejszym

Podpis:

Nazwa:

Sprzęt na placu budowy	Jednostki	Praca	
		Tak	Nie

Pracownik/ Wykonawca	Handel	Godziny zakontraktowane	Nadgodziny

Dostarczone materiały	Od i stawka	Wynajęte urządzenia	Jednostki

Uwagi

| Data: | | Dzień: | pon | wto | śro | czw | pią | sob | nie |

Firma:

Telefon:

Godziny stracone z powodu złej pogody

Odwiedzający

Warunki pogodowe

AM	PM

Harmonogram

Data zakończenia:

Dni przed planem:

Dni po terminie:

Problemy/ Opóźnienia

Kwestie bezpieczeństwa

Wypadki/ Incydenty

Podsumowanie prac wykonanych w dniu dzisiejszym

Podpis:

Nazwa:

Sprzęt na placu budowy	Jednostki	Praca	
		Tak	Nie

Pracownik/ Wykonawca	Handel	Godziny zakontraktowane	Nadgodziny

Dostarczone materiały	Od i stawka	Wynajęte urządzenia	Jednostki

Uwagi

Data:		Dzień:	pon	wto	śro	czw	pią	sob	nie
Firma:									
Telefon:									

Godziny stracone z powodu złej pogody

Odwiedzający

Warunki pogodowe

AM	PM

Harmonogram

Data zakończenia:

Dni przed planem:

Dni po terminie:

Problemy/ Opóźnienia

Kwestie bezpieczeństwa

Wypadki/ Incydenty

Podsumowanie prac wykonanych w dniu dzisiejszym

Podpis:

Nazwa:

Sprzęt na placu budowy	Jednostki	Praca	
		Tak	Nie

Pracownik/ Wykonawca	Handel	Godziny zakontraktowane	Nadgodziny

Dostarczone materiały	Od i stawka	Wynajęte urządzenia	Jednostki

Uwagi

Data:		Dzień:	pon	wto	śro	czw	pią	sob	nie

Firma:

Telefon:

Godziny stracone z powodu złej pogody	Odwiedzający

Warunki pogodowe

AM	PM

Harmonogram		Problemy/ Opóźnienia
Data zakończenia:		
Dni przed planem:		
Dni po terminie:		

Kwestie bezpieczeństwa	Wypadki/ Incydenty

Podsumowanie prac wykonanych w dniu dzisiejszym

Podpis:

Nazwa:

Sprzęt na placu budowy	Jednostki	Praca	
		Tak	Nie

Pracownik/ Wykonawca	Handel	Godziny zakontraktowane	Nadgodziny

Dostarczone materiały	Od i stawka	Wynajęte urządzenia	Jednostki

Uwagi

| Data: | | Dzień: | pon | wto | śro | czw | pią | sob | nie |

Firma:

Telefon:

Godziny stracone z powodu złej pogody

Odwiedzający

Warunki pogodowe

AM	PM

Harmonogram

Data zakończenia:

Dni przed planem:

Dni po terminie:

Problemy/ Opóźnienia

Kwestie bezpieczeństwa

Wypadki/ Incydenty

Podsumowanie prac wykonanych w dniu dzisiejszym

Podpis:

Nazwa:

Sprzęt na placu budowy	Jednostki	Praca	
		Tak	Nie

Pracownik/ Wykonawca	Handel	Godziny zakontraktowane	Nadgodziny

Dostarczone materiały	Od i stawka	Wynajęte urządzenia	Jednostki

Uwagi

| Data: | | Dzień: | pon | wto | śro | czw | pią | sob | nie |

Firma:

Telefon:

Godziny stracone z powodu złej pogody

Odwiedzający

Warunki pogodowe

AM	PM

Harmonogram

Data zakończenia:

Dni przed planem:

Dni po terminie:

Problemy/ Opóźnienia

Kwestie bezpieczeństwa

Wypadki/ Incydenty

Podsumowanie prac wykonanych w dniu dzisiejszym

Podpis:

Nazwa:

Sprzęt na placu budowy	Jednostki	Praca	
		Tak	Nie

Pracownik/ Wykonawca	Handel	Godziny zakontraktowane	Nadgodziny

Dostarczone materiały	Od i stawka	Wynajęte urządzenia	Jednostki

Uwagi

Data:		Dzień:	pon	wto	śro	czw	pią	sob	nie
Firma:									
Telefon:									

Godziny stracone z powodu złej pogody

Odwiedzający

Warunki pogodowe

AM	PM

Harmonogram

Data zakończenia:

Dni przed planem:

Dni po terminie:

Problemy/ Opóźnienia

Kwestie bezpieczeństwa

Wypadki/ Incydenty

Podsumowanie prac wykonanych w dniu dzisiejszym

Podpis:

Nazwa:

Sprzęt na placu budowy	Jednostki	Praca	
		Tak	Nie

Pracownik/ Wykonawca	Handel	Godziny zakontraktowane	Nadgodziny

Dostarczone materiały	Od i stawka	Wynajęte urządzenia	Jednostki

Uwagi

| Data: | | Dzień: | pon | wto | śro | czw | pią | sob | nie |

Firma:

Telefon:

Godziny stracone z powodu złej pogody

Odwiedzający

Warunki pogodowe

AM	PM

Harmonogram

Data zakończenia:

Dni przed planem:

Dni po terminie:

Problemy/ Opóźnienia

Kwestie bezpieczeństwa

Wypadki/ Incydenty

Podsumowanie prac wykonanych w dniu dzisiejszym

Podpis:

Nazwa:

Sprzęt na placu budowy	Jednostki	Praca	
		Tak	Nie

Pracownik/ Wykonawca	Handel	Godziny zakontraktowane	Nadgodziny

Dostarczone materiały	Od i stawka	Wynajęte urządzenia	Jednostki

Uwagi

Data:		Dzień:	pon	wto	śro	czw	pią	sob	nie

Firma:

Telefon:

Godziny stracone z powodu złej pogody	Odwiedzający

Warunki pogodowe		
AM	PM	

Harmonogram

		Problemy/ Opóźnienia
Data zakończenia:		
Dni przed planem:		
Dni po terminie:		

Kwestie bezpieczeństwa	Wypadki/ Incydenty

Podsumowanie prac wykonanych w dniu dzisiejszym

Podpis:

Nazwa:

Sprzęt na placu budowy	Jednostki	Praca	
		Tak	Nie

Pracownik/ Wykonawca	Handel	Godziny zakontraktowane	Nadgodziny

Dostarczone materiały	Od i stawka	Wynajęte urządzenia	Jednostki

Uwagi

Data:		Dzień:	pon	wto	śro	czw	pią	sob	nie

Firma:

Telefon:

Godziny stracone z powodu złej pogody | Odwiedzający

Godziny stracone z powodu złej pogody	Odwiedzający

Warunki pogodowe

AM	PM

Harmonogram	Problemy/ Opóźnienia
Data zakończenia:	
Dni przed planem:	
Dni po terminie:	

Kwestie bezpieczeństwa	Wypadki/ Incydenty

Podsumowanie prac wykonanych w dniu dzisiejszym

Podpis:	Nazwa:

Sprzęt na placu budowy	Jednostki	Praca	
		Tak	Nie

Pracownik/ Wykonawca	Handel	Godziny zakontraktowane	Nadgodziny

Dostarczone materiały	Od i stawka	Wynajęte urządzenia	Jednostki

Uwagi

Data:		Dzień:	pon	wto	śro	czw	pią	sob	nie

Firma:

Telefon:

Godziny stracone z powodu złej pogody

Odwiedzający

Warunki pogodowe

AM	PM

Harmonogram

Data zakończenia:	
Dni przed planem:	
Dni po terminie:	

Problemy/ Opóźnienia

Kwestie bezpieczeństwa

Wypadki/ Incydenty

Podsumowanie prac wykonanych w dniu dzisiejszym

Podpis:

Nazwa:

Sprzęt na placu budowy	Jednostki	Praca	
		Tak	Nie

Pracownik/ Wykonawca	Handel	Godziny zakontraktowane	Nadgodziny

Dostarczone materiały	Od i stawka	Wynajęte urządzenia	Jednostki

Uwagi

Data:		Dzień:	pon wto śro czw pią sob nie
Firma:			
Telefon:			

Godziny stracone z powodu złej pogody	Odwiedzający

Warunki pogodowe

AM	PM

Harmonogram		Problemy/ Opóźnienia
Data zakończenia:		
Dni przed planem:		
Dni po terminie:		

Kwestie bezpieczeństwa	Wypadki/ Incydenty

Podsumowanie prac wykonanych w dniu dzisiejszym

Podpis:	Nazwa:

Sprzęt na placu budowy	Jednostki	Praca	
		Tak	Nie

Pracownik/ Wykonawca	Handel	Godziny zakontraktowane	Nadgodziny

Dostarczone materiały	Od i stawka	Wynajęte urządzenia	Jednostki

Uwagi

Data:		Dzień:	pon	wto	śro	czw	pią	sob	nie
Firma:									
Telefon:									

Godziny stracone z powodu złej pogody

Odwiedzający

Warunki pogodowe

AM	PM

Harmonogram

Data zakończenia:

Dni przed planem:

Dni po terminie:

Problemy/ Opóźnienia

Kwestie bezpieczeństwa

Wypadki/ Incydenty

Podsumowanie prac wykonanych w dniu dzisiejszym

Podpis:

Nazwa:

<table>
<tr><td rowspan="2">Sprzęt na placu budowy</td><td rowspan="2">Jednostki</td><td colspan="2">Praca</td></tr>
<tr><td>Tak</td><td>Nie</td></tr>
</table>

Pracownik/ Wykonawca	Handel	Godziny zakontraktowane	Nadgodziny

Dostarczone materiały	Od i stawka	Wynajęte urządzenia	Jednostki

Uwagi

Data: Dzień: pon wto śro czw pią sob nie

Firma:

Telefon:

Godziny stracone z powodu złej pogody	Odwiedzający

Warunki pogodowe

AM	PM

Harmonogram

Data zakończenia:

Dni przed planem:

Dni po terminie:

Problemy/ Opóźnienia

Kwestie bezpieczeństwa

Wypadki/ Incydenty

Podsumowanie prac wykonanych w dniu dzisiejszym

Podpis: Nazwa:

Sprzęt na placu budowy	Jednostki	Praca	
		Tak	Nie

Pracownik/ Wykonawca	Handel	Godziny zakontraktowane	Nadgodziny

Dostarczone materiały	Od i stawka	Wynajęte urządzenia	Jednostki

Uwagi

| Data: | | Dzień: | pon | wto | śro | czw | pią | sob | nie |

Firma:

Telefon:

Godziny stracone z powodu złej pogody

Odwiedzający

Warunki pogodowe

AM	PM

Harmonogram

Data zakończenia:

Dni przed planem:

Dni po terminie:

Problemy/ Opóźnienia

Kwestie bezpieczeństwa

Wypadki/ Incydenty

Podsumowanie prac wykonanych w dniu dzisiejszym

Podpis:

Nazwa:

Sprzęt na placu budowy	Jednostki	Praca	
		Tak	Nie

Pracownik/ Wykonawca	Handel	Godziny zakontraktowane	Nadgodziny

Dostarczone materiały	Od i stawka	Wynajęte urządzenia	Jednostki

Uwagi

Data:		Dzień:	pon	wto	śro	czw	pią	sob	nie
Firma:									
Telefon:									

Godziny stracone z powodu złej pogody	Odwiedzający

Warunki pogodowe		
AM	PM	

Harmonogram		Problemy/ Opóźnienia
Data zakończenia:		
Dni przed planem:		
Dni po terminie:		

Kwestie bezpieczeństwa	Wypadki/ Incydenty

Podsumowanie prac wykonanych w dniu dzisiejszym

Podpis:	Nazwa:

Sprzęt na placu budowy	Jednostki	Praca	
		Tak	Nie

Pracownik/ Wykonawca	Handel	Godziny zakontraktowane	Nadgodziny

Dostarczone materiały	Od i stawka	Wynajęte urządzenia	Jednostki

Uwagi

Data:		Dzień:	pon	wto	śro	czw	pią	sob	nie
Firma:									
Telefon:									

Godziny stracone z powodu złej pogody	Odwiedzający

Warunki pogodowe		Odwiedzający
AM	PM	

Harmonogram

		Problemy/ Opóźnienia
Data zakończenia:		
Dni przed planem:		
Dni po terminie:		

Kwestie bezpieczeństwa	Wypadki/ Incydenty

Podsumowanie prac wykonanych w dniu dzisiejszym

Podpis:	Nazwa:

Sprzęt na placu budowy	Jednostki	Praca	
		Tak	Nie

Pracownik/Wykonawca	Handel	Godziny zakontraktowane	Nadgodziny

Dostarczone materiały	Od i stawka	Wynajęte urządzenia	Jednostki

Uwagi

Data:		Dzień:	pon	wto	śro	czw	pią	sob	nie
Firma:									
Telefon:									

Godziny stracone z powodu złej pogody

Odwiedzający

Warunki pogodowe

AM	PM

Harmonogram

Data zakończenia:

Dni przed planem:

Dni po terminie:

Problemy/ Opóźnienia

Kwestie bezpieczeństwa

Wypadki/ Incydenty

Podsumowanie prac wykonanych w dniu dzisiejszym

Podpis:

Nazwa:

Sprzęt na placu budowy	Jednostki	Praca	
		Tak	Nie

Pracownik/ Wykonawca	Handel	Godziny zakontraktowane	Nadgodziny

Dostarczone materiały	Od i stawka	Wynajęte urządzenia	Jednostki

Uwagi

Data:		Dzień:	pon	wto	śro	czw	pią	sob	nie
Firma:									
Telefon:									

Godziny stracone z powodu złej pogody

Odwiedzający

Warunki pogodowe

AM	PM

Harmonogram

Data zakończenia:

Dni przed planem:

Dni po terminie:

Problemy/ Opóźnienia

Kwestie bezpieczeństwa

Wypadki/ Incydenty

Podsumowanie prac wykonanych w dniu dzisiejszym

Podpis:

Nazwa:

Sprzęt na placu budowy	Jednostki	Praca	
		Tak	Nie

Pracownik/ Wykonawca	Handel	Godziny zakontraktowane	Nadgodziny

Dostarczone materiały	Od i stawka	Wynajęte urządzenia	Jednostki

Uwagi

Data:		Dzień:	pon	wto	śro	czw	pią	sob	nie
Firma:									
Telefon:									

Godziny stracone z powodu złej pogody

Odwiedzający

Warunki pogodowe

AM	PM

Harmonogram

Data zakończenia:

Dni przed planem:

Dni po terminie:

Problemy/ Opóźnienia

Kwestie bezpieczeństwa

Wypadki/ Incydenty

Podsumowanie prac wykonanych w dniu dzisiejszym

Podpis:

Nazwa:

Sprzęt na placu budowy	Jednostki	Praca	
		Tak	Nie

Pracownik/ Wykonawca	Handel	Godziny zakontraktowane	Nadgodziny

Dostarczone materiały	Od i stawka	Wynajęte urządzenia	Jednostki

Uwagi

Data:		Dzień:	pon	wto	śro	czw	pią	sob	nie

Firma:

Telefon:

Godziny stracone z powodu złej pogody

Odwiedzający

Warunki pogodowe

AM	PM

Harmonogram

Data zakończenia:

Dni przed planem:

Dni po terminie:

Problemy/ Opóźnienia

Kwestie bezpieczeństwa

Wypadki/ Incydenty

Podsumowanie prac wykonanych w dniu dzisiejszym

Podpis:

Nazwa:

Sprzęt na placu budowy	Jednostki	Praca	
		Tak	Nie

Pracownik/ Wykonawca	Handel	Godziny zakontraktowane	Nadgodziny

Dostarczone materiały	Od i stawka	Wynajęte urządzenia	Jednostki

Uwagi

| Data: | | Dzień: | pon | wto | śro | czw | pią | sob | nie |

| Firma: |

| Telefon: |

Godziny stracone z powodu złej pogody

Odwiedzający

Warunki pogodowe

| AM | PM |

Harmonogram

Data zakończenia:	
Dni przed planem:	
Dni po terminie:	

Problemy/ Opóźnienia

Kwestie bezpieczeństwa

Wypadki/ Incydenty

Podsumowanie prac wykonanych w dniu dzisiejszym

Podpis:

Nazwa:

Sprzęt na placu budowy	Jednostki	Praca	
		Tak	Nie

Pracownik/ Wykonawca	Handel	Godziny zakontraktowane	Nadgodziny

Dostarczone materiały	Od i stawka	Wynajęte urządzenia	Jednostki

Uwagi

| Data: | | Dzień: | pon | wto | śro | czw | pią | sob | nie |

Firma:

Telefon:

Godziny stracone z powodu złej pogody

Odwiedzający

Warunki pogodowe

AM	PM

Harmonogram

Data zakończenia:

Dni przed planem:

Dni po terminie:

Problemy/ Opóźnienia

Kwestie bezpieczeństwa

Wypadki/ Incydenty

Podsumowanie prac wykonanych w dniu dzisiejszym

Podpis:

Nazwa:

Sprzęt na placu budowy	Jednostki	Praca	
		Tak	Nie

Pracownik/ Wykonawca	Handel	Godziny zakontraktowane	Nadgodziny

Dostarczone materiały	Od i stawka	Wynajęte urządzenia	Jednostki

Uwagi

| Data: | | Dzień: | pon | wto | śro | czw | pią | sob | nie |

Firma:

Telefon:

Godziny stracone z powodu złej pogody

Odwiedzający

Warunki pogodowe

| AM | PM |

Harmonogram

Data zakończenia:

Dni przed planem:

Dni po terminie:

Problemy/ Opóźnienia

Kwestie bezpieczeństwa

Wypadki/ Incydenty

Podsumowanie prac wykonanych w dniu dzisiejszym

Podpis:

Nazwa:

Sprzęt na placu budowy	Jednostki	Praca	
		Tak	Nie

Pracownik/ Wykonawca	Handel	Godziny zakontraktowane	Nadgodziny

Dostarczone materiały	Od i stawka	Wynajęte urządzenia	Jednostki

Uwagi

Data:		Dzień:	pon	wto	śro	czw	pią	sob	nie
Firma:									
Telefon:									

Godziny stracone z powodu złej pogody

Odwiedzający

Warunki pogodowe

AM	PM

Harmonogram

Data zakończenia:	
Dni przed planem:	
Dni po terminie:	

Problemy/ Opóźnienia

Kwestie bezpieczeństwa

Wypadki/ Incydenty

Podsumowanie prac wykonanych w dniu dzisiejszym

Podpis:

Nazwa:

Sprzęt na placu budowy	Jednostki	Praca	
		Tak	Nie

Pracownik/ Wykonawca	Handel	Godziny zakontraktowane	Nadgodziny

Dostarczone materiały	Od i stawka	Wynajęte urządzenia	Jednostki

Uwagi

Data:		Dzień:	pon	wto	śro	czw	pią	sob	nie
Firma:									
Telefon:									

Godziny stracone z powodu złej pogody

Odwiedzający

Warunki pogodowe

AM	PM

Harmonogram

Data zakończenia:

Dni przed planem:

Dni po terminie:

Problemy/ Opóźnienia

Kwestie bezpieczeństwa

Wypadki/ Incydenty

Podsumowanie prac wykonanych w dniu dzisiejszym

Podpis:

Nazwa:

Sprzęt na placu budowy	Jednostki	Praca	
		Tak	Nie

Pracownik/ Wykonawca	Handel	Godziny zakontraktowane	Nadgodziny

Dostarczone materiały	Od i stawka	Wynajęte urządzenia	Jednostki

Uwagi

Data:		Dzień:	pon	wto	śro	czw	pią	sob	nie

Firma:

Telefon:

Godziny stracone z powodu złej pogody	Odwiedzający

Warunki pogodowe

AM	PM

Harmonogram	Problemy/ Opóźnienia
Data zakończenia:	
Dni przed planem:	
Dni po terminie:	

Kwestie bezpieczeństwa	Wypadki/ Incydenty

Podsumowanie prac wykonanych w dniu dzisiejszym

Podpis: **Nazwa:**

Sprzęt na placu budowy	Jednostki	Praca	
		Tak	Nie

Pracownik/ Wykonawca	Handel	Godziny zakontraktowane	Nadgodziny

Dostarczone materiały	Od i stawka	Wynajęte urządzenia	Jednostki

Uwagi

Data:		Dzień:	pon	wto	śro	czw	pią	sob	nie
Firma:									
Telefon:									

Godziny stracone z powodu złej pogody	Odwiedzający

Warunki pogodowe	
AM	PM

Harmonogram		Problemy/ Opóźnienia
Data zakończenia:		
Dni przed planem:		
Dni po terminie:		

Kwestie bezpieczeństwa	Wypadki/ Incydenty

Podsumowanie prac wykonanych w dniu dzisiejszym

Podpis:	Nazwa:

Sprzęt na placu budowy	Jednostki	Praca	
		Tak	Nie

Pracownik/ Wykonawca	Handel	Godziny zakontraktowane	Nadgodziny

Dostarczone materiały	Od i stawka	Wynajęte urządzenia	Jednostki

Uwagi

Data:		Dzień:	pon	wto	śro	czw	pią	sob	nie
Firma:									
Telefon:									

Godziny stracone z powodu złej pogody

Odwiedzający

Warunki pogodowe

AM	PM

Harmonogram

Data zakończenia:

Dni przed planem:

Dni po terminie:

Problemy/ Opóźnienia

Kwestie bezpieczeństwa

Wypadki/ Incydenty

Podsumowanie prac wykonanych w dniu dzisiejszym

Podpis:

Nazwa:

Sprzęt na placu budowy	Jednostki	Praca	
		Tak	Nie

Pracownik/ Wykonawca	Handel	Godziny zakontraktowane	Nadgodziny

Dostarczone materiały	Od i stawka	Wynajęte urządzenia	Jednostki

Uwagi

Data:		Dzień:	pon	wto	śro	czw	pią	sob	nie

Firma:

Telefon:

Godziny stracone z powodu złej pogody	Odwiedzający

Warunki pogodowe

AM	PM

Harmonogram	Problemy/ Opóźnienia
Data zakończenia:	
Dni przed planem:	
Dni po terminie:	

Kwestie bezpieczeństwa	Wypadki/ Incydenty

Podsumowanie prac wykonanych w dniu dzisiejszym

Podpis:	Nazwa:

Sprzęt na placu budowy	Jednostki	Praca	
		Tak	Nie

Pracownik/ Wykonawca	Handel	Godziny zakontraktowane	Nadgodziny

Dostarczone materiały	Od i stawka	Wynajęte urządzenia	Jednostki

Uwagi

<table>
<tr><td>Data:</td><td></td><td colspan="7">Dzień: pon   wto   śro   czw   pią   sob   nie</td></tr>
<tr><td>Firma:</td><td colspan="8"></td></tr>
<tr><td>Telefon:</td><td colspan="8"></td></tr>
</table>

Godziny stracone z powodu złej pogody	Odwiedzający

Warunki pogodowe	
AM	PM

Harmonogram	Problemy/ Opóźnienia
Data zakończenia:	
Dni przed planem:	
Dni po terminie:	

Kwestie bezpieczeństwa	Wypadki/ Incydenty

Podsumowanie prac wykonanych w dniu dzisiejszym

Podpis:	Nazwa:

Sprzęt na placu budowy	Jednostki	Praca	
		Tak	Nie

Pracownik/ Wykonawca	Handel	Godziny zakontraktowane	Nadgodziny

Dostarczone materiały	Od i stawka	Wynajęte urządzenia	Jednostki

Uwagi

| Data: | | Dzień: | pon | wto | śro | czw | pią | sob | nie |

Firma:

Telefon:

Godziny stracone z powodu złej pogody	Odwiedzający

Warunki pogodowe

AM	PM

Harmonogram	Problemy/ Opóźnienia
Data zakończenia:	
Dni przed planem:	
Dni po terminie:	

Kwestie bezpieczeństwa	Wypadki/ Incydenty

Podsumowanie prac wykonanych w dniu dzisiejszym

Podpis:

Nazwa:

Sprzęt na placu budowy	Jednostki	Praca	
		Tak	Nie

Pracownik/ Wykonawca	Handel	Godziny zakontraktowane	Nadgodziny

Dostarczone materiały	Od i stawka	Wynajęte urządzenia	Jednostki

Uwagi

Data:		Dzień:	pon	wto	śro	czw	pią	sob	nie

Firma:

Telefon:

Godziny stracone z powodu złej pogody	Odwiedzający

Warunki pogodowe

AM	PM

Harmonogram	Problemy/ Opóźnienia
Data zakończenia:	
Dni przed planem:	
Dni po terminie:	

Kwestie bezpieczeństwa	Wypadki/ Incydenty

Podsumowanie prac wykonanych w dniu dzisiejszym

Podpis:

Nazwa:

Sprzęt na placu budowy	Jednostki	Praca	
		Tak	Nie

Pracownik/Wykonawca	Handel	Godziny zakontraktowane	Nadgodziny

Dostarczone materiały	Od i stawka	Wynajęte urządzenia	Jednostki

Uwagi